Poesia Original

A CASA MAIS ALTA DO TEU CORAÇÃO

*Obra vencedora do Prêmio Biblioteca Digital 2021
da Biblioteca Pública do Paraná*

A casa mais alta do teu coração

CLARISSA MACEDO

Poemas

1ª edição, São Paulo, 2022

LARANJA ● ORIGINAL

Para minha mãe,
meu grande amor, meu melhor poema,
mulher que me criou sozinha,
que me deu nome de personagem,
uma estante de livros e a dignidade do respeito
pelas minhas escolhas, meu ofício;
minha maior fã,
plena de orgulho por eu, como ela, amar as artes,
por eu ter vindo de uma pobreza extrema
e ter conseguido me tornar doutora, escritora;
que viajava comigo, mesmo em casa,
e vibrava a cada alegria, cada conquista;
pessoa com quem eu falava todos os dias,
que melhor conheci na vida,
alguém de cuja saudade sinto tempo algum aplaca.
Toda a minha poesia é para ela, sempre foi dela,
mesmo quando não é.
Mientras tanto,
este livro é nada, perante o amor que o navalha.

Afagos

Adias Machado, Adri Aleixo, Adriane Garcia, Adriano Eysen, Alberto Lins Caldas, Aleilton Fonseca, Alexandre Guarnieri, André Gustavo, Angela Fraga, Antônio Torres, Cacau Novaes, Cacilda Povoas, Carcará, Carlos Ribeiro, Carlos Moreira, Caroline Ferreira, Cleo Oliveira, Cristina Sobral, Daniela Povoas, Daniel Gallego Arcas, Edgard Oliva, Elton Magalhães, Esther Alcântara, Fabrício Brandão, Fernando Andrade, Fernando Oberlaender, Flavio Caamaña, Franck Santos, Helena Leão, João Lopes Filho, Jorge Augusto, Jorge Bastiani, Jovina Souza, Lia Testa, Luis Augusto Cassas, Luiza Lopes e família, Marcela Soares, Marcelo Adifa, Marcelo Labes, Marcia Tiburi, Marcos Samuel Costa, Marcus Guellwaar Adún Gonçalves, Marcus Vinícius Rodrigues, Mariana Paim, Matheus Peleteiro, Mônica Menezes, Neide Cortizo, Neurivan Souza, Nuno Rau, Pareta Calderasch, Ricardo Escudeiro, Rita Santana, Rosa Oliveira (mamãe Rosa), Rosana Paulo, Salgado Maranhão, Sérgio de Castro Pinto, Silvano Barbosa, Tatiane Esteves, Thainá Carvalho, Tom Correia, Vânia Melo, Verónica Aranda, Vitor Teixeira, Wellington Soares, Wesley Correia, Yirama Castaño.

Airton Souza, Bioque Mesito e Dudu Galisa, irmãozinhos de poesia e vida, por quem tenho muito amor.

Alex Simões, meu dindo, Esmeralda Cravançola, Lílian Almeida e Ilza Carla Reis, minhas irmãzinhas mais velhas – família que a vida me deu e que segurou minha mão ante uma queda quase inevitável, dizendo: "você não está só, você é muito amada". O que teria feito eu sem vocês? Seus gestos são amor em mim.

Ametista Nunes, irmã pisciana de vidas, vidas e paragens. Somos hermanas e camaradas.

Ângela Vilma e Kátia Borges, parceiras de cantoria e experiências incríveis, todo o meu carinho. Kátia, em especial, pelo texto, verdadeiro presente, comovente e analítico que orna este livro.

Carvalho Junior, meu irmão, que saudade... sua poesia é eterna. Você permanece cultivando encanto e afeto.

Deus ou Deusa, perene incógnita que tanto me visita e assombra; vestígio de matéria, natureza de concretude e amor.

Erre Amaral, um semeador do bem, um amigo tão, tão querido. Te abraço em profundidade, enlutados que somos.

Esther Blanco, quanto mais a conheço, mais a admiro e quiero. *Você tem sido mais que uma amiga. Obrigada por me salvar, poeta de oceanos.*

Gabriel Morais Medeiros, "el tiempo pasa y pasa y yo sigo así", ainda percorreremos as estradas.

Gabriel Povoas, b., as palavras são facas finíssimas, artífices do sumo e da beleza; e por isso as tomo como minhas, para expressar a você meu aceno de agradecimento. Sem você, não estaria aqui, agora, tecendo novelos de pétalas azuis, delicadas. Obrigada por persistir em nós e por transformar em notas alguns dos meus desvarios, por ser um ente único neste navio de incertezas que é a existência. Pessoa, amigo, compositor de sonhos.

Iolanda Costa e Martha Galrão, minhas meninas, amigas de tanto, poetas que amo, seres que abraço, longe ou perto.

Irina Henríquez e Luciana Souza, amigas-irmãs de tanta légua andada. Juntas, nos acolhemos sempre, basta una mirada. Vocês são casa.

Mariana Ianelli, minha poeta viva favorita, tão querida, delicada e bela, cuja poesia me fascina, move e aquece. Grata pelo seu texto crítico-místico, por suas palavras plenas de profundidade e sensibilidade. Obrigada por existir.

Markus Viny, meu amigo mais que querido, te amo muito.

Micheliny Verunschk, que "brinco", como você mesma disse, mais lindo! Honrada por tê-la nestas páginas, por sua leitura precisa, seu carinho comigo e com meu livro.

Ronaldo Cagiano, escritor generoso, que toma o bem como leme e enseada. Este livro existe, também, graças a você. Que nossa amizade siga, sempre.

Sandro Ornellas, amigo querido, que me incentiva e que guarda um pedaço meu de história.

Sólo es poeta aquel que siente que la vida no es natural
que es asombro
descubrimiento revelación
que no es normal estar vivo.

                              Cristina Peri Rossi

Sou só e sei da sua morte,
antes que me chegassem os pelicanos;
antes que me degolassem os navios.
Sei da sua morte antes que os esquifes
cruzassem oceanos com seu corpo
de água, sombra, oriente e adeuses.

                                  Rita Santana

A TORRE MAIS ALTA

para Clarissa Macedo

Cavaste teu abismo
Todos nós cavamos.

Resiste, ó poeta de alta nota,
A esta tempestade tão devastadora.
Assim como eu, muitos torcem por ti.
E, acima de todos,
Reinando na mais alta torre
Do mais alto castelo dos teus quereres...

Um sussurro...

"Me desculpe por muito, minha filha. Aguenta firme,
estamos e estaremos juntas em todas as tuas batalhas. Te amo."

Gabriel Povoas

PREFÁCIO

A rebelião dos cantos de Clarissa e sua beleza singular

Mariana Ianelli

> *Acorda, forte acorde,*
> *que um coração*
> *de alta nota te chama*
> C. M.

Esse pasto que viceja de vidas derrotadas, essa transfiguração de tudo na elevação do canto desde uma terra enriquecida dos nossos desfazimentos e das nossas errâncias. Escutemos a poesia de Clarissa Macedo, que apenas escutando-a podemos pensar sobre ela, deixando que nos guie por seus caminhos perigosos e desvios, como convém à toda poesia de que desejamos nos acercar.

Vamos à sua liturgia entre rochas, rostos e brotos. A essa casa que é um mar seco, onde pássaros bebem da "bile dos sonhos". Começa a figurar-se, aqui e ali, o ancestral, vingando sobre escombros, o bebê à beira do Nilo, "um entalhe na candeia da tua mão", o grito ferido de Jó, a nômade no deserto, o inominável amor em seus humanos sacrifícios, eternizados por suas (re)aparições, era após era, nessas chagas abertas, frescas da dor da vida.

Quem é aquele cujo livro "é como um filho / que doou para se salvar?" Alguém aí o reconhece? Esse para quem a poeta se inclina, para melhor tateá-lo em seu rosto oculto, órfico, anônimo solitário de alguma estrada, que nos chega como se nunca o tivéssemos visto, não porque o desconhecemos de fato, senão por já o termos olvidado. Escutemos. Escutemos o canto de Clarissa, que entoa sua outra língua dentro mesmo da nossa língua – "um búfalo nos olhos da floresta" –, exercendo exuberantemente sua existência forasteira, escarlate, bruxa, apaixonada, tão maldita quanto admirável.

Escutemos a nudez de uma oração que revolve a seara dos nossos fracassos, as doenças do amor, os próprios ludíbrios e falhanços da escrita, pasto nosso de que as bestas se alimentam, pasto nosso pelo qual mil cascos passam, e então, escutemos de novo essa poesia, velada por um "ensalmo sem riso", agora em sua implícita ventura de rebentar, esgalhando-se em palavra parida com rebelião, essa "colubrina" de beleza singular.

Sim: rebela-se em degredo um coração aberto. Rebela-se a palavra que modula seu canto sem conformar-se ao nada, embora seu convívio compenetrado e inclemente com o que é pedra, secura, penúria, friúme de quase esquecimento. Rebela-se, também, contra o medo, ao arrostá-lo e dar-lhe o corpo de um verso alquímico, desejante de uma Pasárgada bela e terrível, lá onde "a morte é a tradução da vida" e "a alegria, que comove, um dardejar do espanto".

Uma invocação sussurrada de repente se eleva a descoberto: "Mãe?". Uma "hóspede do exílio" anseia voltar ao ventre, reimplantar guarida no bojo dalguma inteireza, sem mais dela poder ser subtraída, e essa mãe, agora tateada em voz escrita, abre sua casa nem ulterior nem póstuma: morada deste momento, do poema a salvo da mó do tempo, no tempo outro da poesia.

Um campo de delírio grassa em música e acorda num marulho o "doce acorde", o "forte acorde". Essa a beleza forte da poesia de Clarissa, que irrompe de uma "tempestade de núpcias" bem como de um "pélago prestes ao abismo". Poesia que brota, que arrosta, que invoca, audaz, insurgente, íntima dos mortos e dos amorosos, lume ascenso "neste país sem comiseração", gume de garras devorando para o seu corpo de poemas o cerco de monstros, vermes, desertos, desprezos, dores, nadas. Tudo o que ela canta toma emprestado o percutir dos nossos corações. Então, de novo, com cuidado: escutemos.

São Paulo, 27 de maio de 2022

Um lugar, ruínas

REJEIÇÃO

Teu olhar ginecológico
habita o meu aquário
de usuras e medos.

Profissional, asséptico e vidrado
o deslocar dos teus olhos
ofende o meu útero,
cansado da espera.

Enquanto me curo da tua ausência
da tua face clínica e distante,
que jamais arranca o chamado do meu apelo,
bordo a falsa flor,
laureada de armadilha,
clandestina
como a agulha que não soube usar
e que espetei na casa mais alta do teu coração.

ENDEREÇO

Minha casa é uma ilha
Um mar que secou há tanto
Onde os pássaros bebem a bile dos meus sonhos.

ANATOMIA

A vida inteira
e é como se acabasse de começar.

A tragédia da criação e sua luz de amor profundo,
algas que dançam no corpo da tempestade.

Muitas noites são como dedos de sal e fragilidade
um peixe cujo retiro não se sabe.

Amei um vegetal de ternura e os fantasmas de infância.
Fui um búfalo nos olhos da floresta
e guardei numa urna o pólen da esfinge.

Não sou profeta, mas um pastor de estrelas,
que não morrem, posto que atrasadas no espaço.

Teu sol foi uma pátria em mão amiga.
E os anos, uma corda de inocência no espelho do Atlântico,
um traço de mácula, uma farsa na terra mais antiga.

CENÁCULO

para Lílian Almeida

Ao pé das Oliveiras,
um alaúde queimava
e ele via as cordas.

Sob a árvore do deserto,
uma lágrima de pudor
e a fuga ao coração do incerto.

Judas, o mais amado,
sem prata, um sopro,
um engano à mercê
do medo –
do Senhor, um olho.

TABERNÁCULO

Sempre será o filho
carregado pelo rio Nilo
flechado pelos galhos do Saara.

Teu bebê, de ventre falido,
levado a cavalo
pelas tetas do universo
pela rebelião dos esporões
por um senáculo sem legenda

um ternário sem ritmo, uma fenda
um cipó de lama e inanição.

Teu bebê nas águas do rio de mistérios
calejado pelos abricós, tantas trincheiras
além do Mar Vermelho;

um entalhe na candeia da tua mão.

Noutro planeta, serão as Galáxias
a cerrar o tempo,
essa alquimia de basalto e multidão.

PERPÉTUO

Uma encosta
um leme de celas
que sobrevive
à interrupção do tempo.

Um salário de medos
veste a carapaça,
tigre de oito metros.

No infinito,
um relógio esquivo permanece.
Na intermitência,
o cortejo dos solos que deixaram
dos deuses que temeram.

INÚTIL PAISAGEM

De que servem as flores que nascem
Pelo caminho
Tom Jobim e Aloysio de Oliveira

Quantos sacrifícios, o corpo?

A quantas guerras terei de ir
quantos lares vazios
quanto sangue derramado
para me encher de paisagem?

Só amo os poemas que perco.

Meu amor é um claustro.
O país aterrado
como soldado que decide desertar.
Comeu-se a memória.
Minha parricida é morta.

E eu, feito espuma sem água,
não sucumbo mais.

CONSANGUÍNEA

Sou uma nômade entrecortada pelo vento,
película que não sabe de onde veio
                                        nem pra onde vai.
Uma capa encarnada que celebra
e dorme.

Minha liturgia é o gérmen, a rocha
o broto de arrecifes na esquina
um afago, um rosto, o perdão.

Uma viajante
esquartejada pelos genes
pelo crepúsculo, essa detração.

SÚPLICA

para Adri Aleixo

Me ensina a ser dura, pai,
como os homens de pedra.
Me mostra como ser faca e ferro,
como não sangrar, nem debruar
os átrios de saudade.
Me desvenda o mistério
de enxugar a lágrima
de descamar o amor ainda em botão.
Me lega o segredo de ser rija,
de ser tronco, de ser haste,
seca como a folha que,
marrom e ao chão,
há muito morreu por dentro.
Tem compaixão, pai,
desta filha franzida
que todos os dias
engorda as garras
com que flagela
as próprias asas.

QUESTIONAMENTOS

Onde andará esquecido?
Por onde falta?
Onde navega, trafega, divaga?
Será que anda de ônibus?
E se anda, paga ele o passe?
Será que ao cruzar a roleta aninhará num colo o regaço?
Será que voa, pesca, faz compras?
Terá ele atropelado alguém na rodovia?
Será que gosta do clima equatorial?
Fará testes no trópico?
Onde tece suas veias?
Será que aparece à mesa?
Janta com a família? Assiste TV? E depois ouve narrativas e
[estórias?
Corta a cidade com faca?
Anda pela noite? Inaugura o dia?
Cisma? Se encolhe?
Sentirá medo? E calor?
Folheia sua própria página?
Que lamentos entoará?
Será que vive em alguém?
Terá sido, algum dia, lido? Falado? Calado?

Na linha das contas que atravessa provérbios e palavras,
perguntou estas coisas depois do produto vendido.
Seu livro é como um filho
que doou para se salvar.

INEXTINTA

Corre à boca pequena
que a poesia morreu,
que, a pretexto do inútil,
manava dinheiro, sustava cheques,
ganhava auxílio, paletó,
gasolina,
comprava Ministérios,
leiloava a própria vida;
e que, por isso, agora,
estava morta
sob a paz do jazigo.

* * *

Corre, à boca pequena,
também,
um versinho, magro,
miúdo,
que cresce
como cresce a solidão
do dilúvio.

PARTILHA

para Martha Galrão

Fui um bebê alegre,
de bochechas pro mundo
e sorriso terno,
mas pouco celebrado.

Hoje, inscritas nas maçãs
do rosto, estão a secura,
remendos e afluentes
que correm
e miram claves
entre a vida e a morte.

Nesta brenha de cortes
e sezões que se tornou meu corpo
há um espectro que reporta
do idílio muitas crianças
com quem compartilho
a dor de ter nascido.

APARIÇÃO

Imberbe,
uma mocinha de têmporas roxas,
que não sabia se Ortega y Gasset
era uma ou duas pessoas,
mirou-se no oculto
da fotografia
e espreitou um rosto que parecia ser o seu,
mas que era outro,
mais lôbrego,
um óvulo, uma cimitarra.

Ali, começaram os problemas
e "o que sou" "por que existo"
"para onde vou" "de onde venho"
nunca a abandonaram:
perseguem-na até hoje,
onde a luz noturna finda
e o grande medo reaparece,
permanente,
como a queda de Roma
como os milênios
em que Jesus,
manso e humilde de coração,
deu-se em sacrifício
a quem não vale um dente.

DESTINO

para Lílian Almeida

A mulher imita os passos da menina:
o cheiro da camisa para cessar a febre
a dor do homem que parte sem qualquer recado.
O pai que a deixou se repete nos homens que a renegam;
cada um que vai ativa uma ferida
um caos que não dá pra organizar.
As promessas, os detalhes: tudo se perde quando o homem
[sai.
No tempo que trafega a chaga é mais funda
e a sutura menos comum: precisa de metros de linha,
que seja maior o bisturi, as mãos mais hábeis.
Como um céu que depõe contra o seu azul
não deseja mais a cura.
A vida nela se perdeu
como alguém que nasce para cavar a própria tumba.

SURPRESA

> *Se fores boa menina*
> *dou-te um periquito azul*
> *eu fui boa menina*
> *e sem querer abri a gaiola*
> *se tivesses sido boa menina*
> *o periquito azul não tinha fugido*
> *mas eu fui boa menina*
>   Adília Lopes

Não fui a garota que todos esperavam
[porque a mim nada foi creditado]
— "Será igual ao pai", diziam
[aquele que me foi(-se) tirado].
Não fui a boa menina,
mas uma paisagem caricaturada:
por fora, o avesso, a penúria, uma linguagem muda
por dentro, um cacto de selênio e violência.

(Uma poesia autoafirmativa como esta não pode valer a pena).

Uma menina, inesperada;
uma mulher, horizonte irrecuperável.

SOLISTA

Em todas as eras um alvéolo me namora.
Ele, com seu idioma de topografia e ecos atrasados,
me lança no rosto e nas mãos uma verdade:
teu país te chacina
teus pais depositaram teu manto na porta de um lavabo
teu amor te salgou o coração como quem observa a pólvora
que come o pavio
teus amigos estão na vida, a tentar entendê-la
e tu, como pano roto a secar sem enxágue,
pulsa branda no mofo de tua própria estrada,
a solista de um teatro em que ninguém paga entrada.

CENTER SOCIETY

Nascemos divididas:
elas de pele alva,
eu, mestiça.

Eu venho da terra, das madeiras,
de um curtume de pétalas
e morei na copa, chão abafado.

Elas, vêm das casas de vidro e aço
da cama que me roubaram
e que só há pouco soube que me pertencia.

Assim viemos,
pela polis cindidas, pelo mato,
pelos grãos de veneno da mandíbula
a cada nota cravejada nos *malls* da vida.

PATER FAMILIAS

por muito tempo vivi outra vida
casa-errada-família

por muitos dias fui bastarda
a menor na casa de meu pai
uma criada sem sobrenome

eu, essa lembrança de eletrodos
que batiza o corpo de colmeias,
vim pousar aqui, falida
um lampadário de coxas e metal,
a menor de todas as casas.

hoje, que sou concha atravessada
pelo espaço,
joguei fora os panos com que me cobria
e ainda vingo sob os escombros
há mais de 600 anos, dizem.

PENUMBRA

para Ângela Vilma e Virginia Woolf

Retirei as pedras dos bolsos
na travessia do rio
mas era tarde: elas estavam comigo,
como as mãos que carrego
e que trouxeram,
tantas vezes,
as pedras ao meu casaco,
ao meu vestido.

Eu, que no rio sou guelra,
cubro-me de pântano e escama,
atônita
como as moléculas da baia.

Há muito não me comovo.
Por isso volto aqui:
vazia, de pedras nos bolsos
uma face de energia e lamento
luz de mentira e lassidão
uma pedraria completa no lenço
a afundar
esquecer
que um dia plantei beijos
e nasceram monstros
aqueles que, inda hoje, me cobrejam.

ESTRANGEIRA

Andarilha, abatida de tantas passagens,
deixei pra trás aquela terra –
barco de gente doente
de homens hostis, de mulheres covardes.

Terra de cinzas e juramentos:
na tribuna da tua praça
passeia um soldado amarelo
vestido de prata
e andam de mãos perdidas
borboletas que choram a cidade

teu sol quente não quara os pecados
dos teus filhos –
objetos que matam quem por ti passa.

Pátria feia, seca, gasta
terra de ninguém que deixei pra trás
lugar que faz chorar a quina da estrada.

POSTAIS

Das ruas de Cartagena
aos becos de Paris;
das estradas dos Pampas
aos campos do Cerrado;
das águas do Rio
aos olhos de Brasília:
peregrina.

Lúcida serpente
que se encolhe no asfalto
busca uma casa –
do mundo, um ínfimo pedaço.
Eterna expatriada, ave forasteira:
estranha, estrangeira de mim mesma.

FOLHETIM

Tenho um lado brega no seio
um jeito torto de amar os outros
um fetiche pelo corno
espécie ao qual estamos fadados –
assim, no meio-dia dos motéis lotados,
no trapiche do desejo.

Tenho medo. E choro.
Como é difícil apagar as luzes dentro de mim
e olhar pra dentro sem colírio nos olhos.

Nascer é doer um pouco. Nunca estamos preparados.
E viajamos, dos dias da puerícia até o branco dos cabelos.
Rezo pro nada, agora. Apanho um colibri no volume das
[horas
e fruo os arcanos que cada dia encerra.

Sou um monte de esperança enganada
da vida uma luz, apagada.

INAPROPRIADA

Fui uma mulher pela metade.
Nua e exposta inteira na cama
fui apenas o buraco do teu desejo
quando salgavas o nome de outras
nos movimentos do relógio.

Cada vez em que deitava contigo
uma infecção me tomava da boca ao princípio
e eu enfraquecia em vigor e palavra
na presença de uma enorme contrição.

Hoje, que já não sirvo sequer
pros teus arroubos de homem com fome,
sou um móvel de pé quebrado
no quarto das inconstâncias.
E quanto mais distante fico
mais a tua felicidade de classe abastada
se agiganta
perante a minha fraqueza de mulher que ama.

PRIMÍCIAS

Quando te deflorei,
era frio na casa
e teus braços reviravam
na angústia do anseio;
era março, talvez.

Te deflorei como casulo
a abrir-se em membrana e entalhe;
te amei com olhos de cio
e tu viraste um escravo,
a revolutear de selva e volição.

Te amei em torno das sementes
enterrei a infância que te restava
e sussurro até hoje, sob o alívio do alento,
a tua boca, que fez morada no meu corpo,
eterna, uma couraça de prazer e indolência.

A casa inacabada

COLUBRINA

Estou velha para o balé
já não posso cantar.
Mas não por isso costuro poemas.
A textura de brita
está no plasma
na água leviana da madre
e vive flutuante, quase feliz,
na guardiã amniótica,
de tudo, a mais algoz,
de todos, a mais amada.

ESPÍCULO

Onde eu estava?
Quem era quando, desavisada,
olhava de longe o percurso dos anos?

Todos sabem da morte,
e dizem dela com intimidade.

Hoje eu a topo de frente,
como um cão olha a tarde
como um pássaro que, sísmico,
pousa nas remotas asas.

DO ABRUPTO

Molhar as plantas
Comprar sabão
Depenar as frutas
Saudar os óculos
Amarrar sapatos
Limpar os poros
Minha mãe é morta.

PEQUENO TRATADO SOBRE A MORTE

I

Vieste, aos 20, a uma terra estranha.
Nela desenharia uma grande estrada,
uma úlcera, uma ínsula.

Uma rocha habitou teu corpo de mágoas
húmus que revolve ritos e sépalas.

No teu caminho, homens violentos,
um sangue fanho, paixões e dilemas.

A tua meninice foi deposta
pelo pai, que partiu da vida
sem maiores pistas,
que te deixou sem o remanso
com que te acolhia.

Deixaste, numa só tacada,
teu amor e tua raiz,
casa jamais esquecida.

Quantas vezes a história da nona foi contada
quantas vezes o pálio guiou verdades e enleios
lonjuras e crisântemos
os primos, os gatos, a lagoa, os pêssegos
os doces da infância, um gosto que não se pega adiante
as árvores, o avô:
muita légua arrancada do meio do peito.

II

Viveste.
Superaste um retorcido, que do álcool subsumiu lamentos.
Amaste alguns homens, não logrou o museu.

Erraste, até a palhoça de comércio e sol.

Lá tiveste uma filha,
que viveria longe de ti
embora sempre na memória.

Lá ergueste uma casa,
abrigo que lhe seria retirado,
um lago de esperança e sentimento.

De lá, iria ao mar das praias e a alguns dias felizes.
Neste sonho, receberia um homem que não te esqueceu.
Concebeste outra filha, e quase um filho.
A filha que lhe cuidaria até os últimos dias
e que será no mundo totem da sua história,
um espantalho de saudade no curtume do tempo.
Filha que chora sua partida, que pensa nas tintas, nos rumos,
                            [nos cânticos, na caligrafia.
Vermelho, sempre vermelho.
Uma fé, um estandarte, uma quimera de sulco e solidão.

III

Quantos dias sofreste sozinha?
A vida é solitária como a morte, e não há oração que aplaine esta sentença; não há alegria que estanque seu rosto.
Não é a mesma, nunca será a mesma, e guarda toda a lucidez do mundo, aquela que só a morte descortina, como moça que, vinda do interior, tem a pele castigada pela poeira que do ar declina; como pároco que, em meio ao batismo, tem vontade de fugir pro rio e abri-lo, a mergulhar a cabeça em orlas de lavagem; como relógio que, finalmente, quebrou a pilha, mas sabe que não detém o tempo, cujo ensaio fez do humano fetiche e bandagem.

IV

Mãe, um delírio de amor sobre a aura da terra.
A gente sonha com o que nunca vem, e constrói um elmo em torno das sendas, como se dominássemos sua técnica, como se escolhêssemos algo na jornada.
Alinhavo as praias que queria ter ido contigo, os encantos construídos, os poemas que queria ler.
A vida é agora, e a mãe está no céu, a sorrir para o infinito.
Eu, travo em seu colo.
A existência, uma salsugem de sentido.

Mãe, me leva contigo?
Me dá de tua fonte, as águas para nadar e o privilégio de ouvir os teus ouvidos, comer da tua comida, deitar na tua barriga.
Tu foste o único lar que conheci, minha matéria mais viva, meu amor, meu enigma. Como ficar se tu és, já, ida?
Nenhum poema suprime essa doença.
Quanta ilusão escrever; quanta pretensão gerar um livro.
Se é verdade que poetas correm como cavalos na neblina, eu sou a grama onde todos passam, repisada, batida.

Minha mãe numa terra estranha. Eu, sem ela, uma estranheza, um disco repetido. Este é o único poema que escrevo, e sob o gesso que conservou meus ossos em desalinho, já não há cobiça; deixo o sol correr sem guarida, e que o solo leve o que nele está, melhor que levar o que não é dele onde não se caminha.

V

Três anos viverás nesta nova casa. Deixará semente? Adubará um rio?
Sente o gelo agora?
A terra não te deixei tragar. Rezo para o silêncio e tenho rompantes noturnos; um em que vou ao cemitério e levo teu corpo comigo, para que eu siga a te cuidar, mesmo nessa outra vida, em que não precisas mais de mim.
E eu, lanho de serras e falésias, preciso profundamente de ti. Rogo que me visite e tome pela mão. Te persigo. Não fui ainda àquela casa, a que de ti levaram sem teu consentimento.
Nunca haverá perdão.

Mãe, o que fizeram contigo?
E eu, o que fiz?
O que tu fizeste comigo?
Não há compaixão para o que não há volta, para o laço alquebrado.

Mãe, te vejo à porta, vigiando baixinho meu sono, e sinto alguma paz no mundo. Mas tudo é passado. O que há é o oco que inunda.
Ninguém há para os filhos quando a mãe parte.
Não há para os filhos, nada.

Mãe, volta.

VI

Perdi uma mãe, e todos os títeres do mundo.
Mãe?
Imagino que te ouço, e olho as poucas fotos que deixamos
nesse ventilador de desenganos que foram os dias.

Me sinto em dívida.
E a noite é frígida como os adobes que sumiram na ventania.
Teu grampo, tuas órbitas numa câmara de pedra.
Tua paisagem é uma foz silente que seca na geada,
que suga os peixes, as ondas e as mansardas.

Teu cheiro é de uma casa perdida.

Onde te busco, me perco
e nos lóbulos cansados, a pálpebra engoliu as pupilas, cansadas
de tanto lacrimar.

Não te tenho à fímbria do açoite.
Não te amargo no ventre do corte.
Apenas a tua imagem, revolvida e grávida,
me sutura da lembrança de teus olhos fechados,
daquele embrulho em que puseram minha pureza, meu
sentido e ferida.

VII

Um fósforo se acende na cancela
e eu sou um engodo, assombração de mim mesma,
sem ti, perfurada e ressequida.

LUTO

Quando os remédios me deixam falar
sinto a sigla do universo inteiro
e vejo tuas raízes
abandonadas por uma terra alheia.

Sozinha, no dorso da alabarda,
cruzaste procelas e fantasias
um quarto sujo e uma lupa,
que te mostrava leões e perigos.

Só, vivia à margem;
mas o que não sabes
é que, sem ti,
sou a maior hóspede do exílio.

COBIÇA

Todos têm mãe – eu penso –
e sentem seu cheiro
o colo aprumado
o aviso do casaco mesmo em dias de sol
a mãe, porque é mãe, e só.

Fundo, abrigo do mundo,
o umbigo inscrito nas esporas de um livro.

Todos têm mãe,
e eu lhes tenho inveja.

Mãe, hoje cego isolamento
na história
um mito, a secura na flor da memória.

PEDIDO

Espia,
quero voltar ao teu ventre;
me guarda de novo, pra sempre?

AMBIÇÃO

Queria, agora, a solidão dos Golfos
as areias do planeta mexicano,
onde a morte é a tradução da vida
e a alegria, que comove, o dardejar do espanto.

Lá, choraria até secar
e abriria a porta no colo das irmãs carpidas.

Eu, misto de ranhura e tarja preta,
sonho com demônios,
os que tomaram à força
o país em selo,
e sulco os vermes que visitam o osso de minha mãe
meu punho, cristal em degredo.

EPISTOLAR

> *Mas a tua ausência dentro de mim é puríssima dor.*
> Rita Santana

Me encontro em vigília
bicada pelo canto soturno das armas
atropelada por um caminhão sem rodas
pelo mais inútil dos ombros.

Aqui, nesta jaula que é o curso da tua falta,
fito o quarto maior que minha casa,
aquele engano, a cilada que nos armaram,
e me interpelo.

Projeto no teu adelo a pergunta que sempre nos fizemos
quando repetíamos, por semanas, o mesmo prato uma vez
ao dia: como é ser rica? Como será espalhar fotos de viagens,
adereços, escolher o que comer e o que virá, os perfumes, as
águas cálidas, a insígnia da mesa e os jardins na calma de uma
[tarde?

Tudo isso me invade sem o teu amor
sem as tuas rosas e sinos,
sem tuas mãos maltratadas pela química
das tinas, polidas desde os nove anos.

Ante o meu assombro na longa casa
eu te abraço sob o perfil da morte,
este absoluto intacto que nos assalta

e que me acena
a cada vez que repito teu nome,
saudade.

TESE

Há tanto que queria te ensinar, mãe:
que a antítese caminha na contramão
que a lua de sangue é fenômeno antigo
na astrologia dos homens
que Eros e Afrodite fugiram de Ares
e se agarraram no oceano
que meu coração sempre esteve aberto
como um temporal de núpcias
e que você é meu grande amor.

Tanto, mãe, tanto que esperávamos
o mar;
você se foi, e eu, eu fiquei
espelhada pela maré
à espera de me juntar a ela,
fundo,
tão fundo que ninguém, jamais,
a não ser você,
poderia me encontrar.
— Salvem um corpo – diriam,
do alto da proa.
E eu, salgada e submergida,
sussurraria, com água nos pulmões:
— Me deixem, estou de partida, fugida,
pra sempre deixada,
feroz, pra sempre caída.

SIBARITA

É difícil olhar os mortos
encarar seus medos, faltas
e anseios.
Na inscrição tumular
uma pequena frase
sequer uma fagulha do que foram:
nome, data e ancoragem.

É difícil deixar os mortos
quando quem nos vela
é um abcesso ríspido
uma artilharia sem adeus
um ensalmo sem riso
uma sáfara sem pai.

RECORDAÇÃO

Carrego mudas no peito
e uma pele de histórias:
as escaras do pássaro
e a tragédia do umbigo,
partido ao meio.

Na cara, as linhas sem costura –
violetas.

Muitas foram as marcas que me puniram:
a pedrada na cabeça
a bacia de água nos braços
e um falo caído nos meus glóbulos de seis anos.

RASGO

Ralfe Rufalara
vê os olhos da menina triste.

Naaf Naftali
observa os meninos de bicicleta.

Dulco Gianês
atravessa os pais para a oferta.

Na inocência da meninice
um *milk shake* é isca
à chacina da infância
ao clube dos crimes em -ia.

Na face esquerda do rosto:
ali vivem os remorsos
e caem lágrimas da angústia
que flerta nos dias

só, abriga o olhar adiado
a ternura incendida
o escarnecer da alma.

Doem meus joelhos
de tanta espera,
e se profunda espero,
rezo os terços inventados
no tédio dos cometas
e da minha idade.

Troco a lâmpada queimada.

Na luz que exala agora
agonizo no véu de lume
que tapa de claridade
a minha tristeza
neste país sem comiseração.

CANTIGA PARA AMANHECER UM AMOR

para Gabriel Povoas

Acorda, meu doce acorde,
que o dia é cama
para o que se entrega
e nada nega
para quem deseja, feito pássaro,
flertar folhas e cantar.

Acorda, doce acorde,
que o marulho salva
os corais afogados
e as algas que choram
como pedras depois do mar.

Sem ti acordado
o vazio é céu só memória
como nuvens
que despem a chuva
depois de lavar.

Acorda, forte acorde,
que um coração
de alta nota te chama
como quem, num delírio,
despertou a beleza de amar.

COTIDIANO

Mais um dia na velhice dos anjos

juntando, certo-errado, os próprios cacos;

septo criptograma
a crossa humana,
um corpo preparado a ferro,
e o amor
adubo de desvario que não cede.

CAMINHANTE

para Ricardo Leão

Somos uma couraça forjada
na Ilha de Pedras,
um falso tapume
onde as ninfas nos aprumam e aquecem.

O amor é como um portal
um vão encalço do tempo.

Há três mil anos somos letradas
nas dimensões de amar,
esse farol que viceja as segas
que borbulha o cosmos
e fareja a violência.

Nós somos o sino da noite,
Ítaca combalida,
que se finge e não toca;
somos o sono demorado que se pensa e acorda.

Nós, um pélago prestes ao abismo,
um obelisco selvagem de delírio e extinção.

POSFÁCIO

O território das ausências

Kátia Borges

Perder a mãe é como cruzar a fronteira de um país estrangeiro do qual se desconhece a origem e o idioma. Em *A casa mais alta do teu coração*, Clarissa Macedo desvela os descaminhos desta travessia, a um só tempo íntima e universal. Neste percurso, reinventa em versos a própria dor, palmilhando corajosamente um território de ausências.

> Só, vivia à margem;
> mas o que não sabes
> é que, sem ti,
> sou a maior hóspede do exílio.

E não há mapas, roteiros prontos ou rotas de fuga. No luto, o que se carrega na bagagem é tão somente o coração. Por vezes, o seu gosto é amargo, como em Stephan Crane. Em outras, é a "ferida escondida no fundo da camisa e do peito", como em Margaret Atwood.

Na tessitura dos seus versos, o único endereço familiar está inscrito no corpo.

> Minha casa é uma ilha
> Um mar que secou há tanto
> Onde os pássaros bebem a bile dos meus sonhos.

É com delicada intromissão que giramos a chave na fechadura e abrimos em par as portas desta casa que se aloja no alto do coração. A fina agulha que lhe atravessa o peito, no poema *Rejeição*, prenuncia que não haverá aqui a calmaria que se espera.

O amor filial, essa genial construção cultural, a comover filhos e filhas dentro dos séculos, é atravessada pela profunda experiência sem ornamentos de uma relação que se vivencia a fogo e ferro. Uma relação repleta de erros e acertos que se molda no dia a dia e que compõe a tessitura de objetos diversos. Está presente nas vigas que mantêm as pontes suspensas sobre o mar e nos portões que cerram a passagem aos jardins da memória.

> A tragédia da criação e sua luz de amor profundo,
> algas que dançam no corpo da tempestade.

Assim como a natureza engendra sua dança em meio ao temporal, Clarissa Macedo nos conduz a pontes e portões, feitos do mesmo ferro forjado a fogo no afeto, em versos que passam ao largo dos clichês e que nos surpreendem pela beleza e pela força de imagens poéticas construídas com o domínio da palavra.

Neste, observamos tanto a habilidade exigida no exercício do verso como a distração premeditada das formas, a exemplo da construção de uma lista banal de afazeres que tenta nos roubar a presença da morte, a vida por fazer. O que fazer?

Molhar as plantas
Comprar sabão
Depenar as frutas
Saudar os óculos
Amarrar sapatos
Limpar os poros
Minha mãe é morta.

Força, beleza e domínio que confirmam Clarissa Macedo como uma das melhores vozes poéticas de sua geração. "Nômade entrecortada pelo tempo", a poeta amadurece à deriva dos genes que hoje reorganiza. Do retorno à infância, recupera-se, uma dor perene que se faz, que se fez, porto onde ancorar, de onde partir.

Teu sol foi uma pátria em mão amiga.
E os anos, uma corda de inocência no espelho do Atlântico,
um traço de mácula, uma farsa na terra mais antiga.

O que há de puramente confessional nesses versos nos engana. "Só amo os poemas que perco", escreve a poeta em *Inútil paisagem*. Talvez este seja justo o cerne de *A casa mais alta do teu coração*. O que somos é sempre o avesso de algum reflexo. E nós o buscamos incansavelmente, ainda que seja apenas nos espelhos, o suave traço de quem amamos, "essa lembrança de eletrodos", esse "lampadário de coxas e metal", "a menor de todas as casas". No mais alto do coração. Dentro de nós.

eu, essa lembrança de eletrodos
que batiza o corpo de colmeias,
vim pousar aqui, falida
um lampadário de coxas e metal,
a menor de todas as casas.

Se é a mulher que escreve esses versos; no poema *Súplica,* é "a menina inesperada, horizonte irrecuperável" que pede a Deus:

> Me ensina a ser dura,
> pai, como os homens de pedra.
> Me mostra como ser faca e ferro,
> como não sangrar, nem debruar
> os átrios de saudade.

A menção aos "átrios de saudade" ergue as paredes em torno de nós, situando-nos na imensidão do território deste músculo que se contrai e distende em sístoles e diástoles. Estamos palmilhando um coração, percorrendo suas casas, observando o seu fluxo de sangue. É um corpo vivo, este que recorda e tece. "Mãe, volta", roga ao mistério dos mistérios, ciente da ineficácia do lamento mágico, até quedar-se quase muda:

> Teu cheiro é de uma casa perdida.

Este é, seguramente, um dos melhores livros de poemas lançado ao final de 2021, quando ensaiamos finalmente a esperança no término de uma pandemia que nos deixou, a todos, um pouco órfãos.

ÍNDICE

Afagos 8

Prefácio / Mariana Ianelli 13

Um lugar, ruínas 17
    Rejeição 19
    Endereço 20
    Anatomia 21
    Cenáculo 22
    Tabernáculo 23
    Perpétuo 24
    Inútil paisagem 25
    Consanguínea 26
    Súplica 27
    Questionamentos 28
    Inextinta 29
    Partilha 30
    Aparição 31
    Destino 32
    Surpresa 33
    Solista 34
    Center society 35
    Pater familias 36
    Penumbra 37
    Estrangeira 38
    Postais 39
    Folhetim 40
    Inapropriada 41
    Primícias 42

A casa inacabada 43
    Colubrina 45
    Espículo 46
    Do abrupto 47
    Pequeno tratado sobre a morte 48
    Luto 55
    Cobiça 56
    Pedido 57
    Ambição 58
    Epistolar 59
    Tese 61
    Sibarita 62
    Recordação 63
    Rasgo 64
    Na face esquerda do rosto: 65
    Cantiga para amanhecer um amor 66
    Cotidiano 67
    Caminhante 68

Posfácio / Kátia Borges 71

COLEÇÃO POESIA ORIGINAL

Quadripartida	PATRÍCIA PINHEIRO
couraça	DIRCEU VILLA
Casca fina Casca grossa	LILIAN ESCOREL
Cartografia do abismo	RONALDO CAGIANO
Tangente do cobre	ALEXANDRE PILATI
Acontece no corpo	DANIELA ATHUIL
Quadripartida (2ª ed.)	PATRÍCIA PINHEIRO
na carcaça da cigarra	TATIANA ESKENAZI
asfalto	DIANA JUNKES
Na extrema curva	JOSÉ EDUARDO MENDONÇA
ciência nova	DIRCEU VILLA
eu falo	ALICE QUEIROZ
sob o sono dos séculos	MÁRCIO KETNER SGUASSÁBIA
Travessia por	FADUL M.
Tópicos para colóquios íntimos	SIDNEI XAVIER DOS SANTOS
Caminhos de argila	MÁRCIO AHIMSA
deve ser um buraco no teto	CAMILA PAIXÃO

© 2022 Clarissa Macedo
Todos os direitos desta edição reservados à Laranja Original.

www.laranjaoriginal.com.br

Edição   Ronaldo Cagiano
Projeto gráfico   Marcelo Girard
Produção executiva Bruna Lima
Diagramação   IMG3

Dados Internacionais de Catalogação na Publicação (CIP)
(Câmara Brasileira do Livro, SP, Brasil)

Macedo, Clarissa
  A casa mais alta do teu coração / Clarissa Macedo.
– 1. ed. – São Paulo : Laranja Original, 2022. –
(Coleção poesia original)

ISBN 978-65-86042-51-1

1. Poesia brasileira I. Título. II. Série.

22-125111   CDD-B869.1

Índices para catálogo sistemático:

1. Poesia : Literatura brasileira B869.1

Cibele Maria Dias - Bibliotecária - CRB-8/9427

Laranja Original Editora e Produtora Eireli
Rua Capote Valente, 1198
05409-003 São Paulo SP
Tel. 11 3062-3040
contato@laranjaoriginal.com.br

Papel Pólen Bold 90 g/m² / *Impressão* Psi7 / *Tiragem* 200 exemplares